27
L n 13527.

CHAMBRE DES CONFÉRENCES DES AVOCATS STAGIAIRES

PRÈS LA COUR IMPÉRIALE DE CAEN.

PROCÈS-VERBAL

DE LA

SÉANCE DE RENTRÉE

PRÉSIDÉE

Par M. LEBLOND

Bâtonnier de l'Ordre.

25 JANVIER 1862.

ALLOCUTION DE M. LEBLOND

Bâtonnier de l'Ordre.

ÉTUDE SUR MICHEL DE MARILLAC

Par M. Exupère CAILLEMER,

Agrégé près les Facultés de Droit, Avocat à la Cour Impériale.

CAEN

TYPOGRAPHIE GOUSSIAUME DE LAPORTE

Rue au Canu, 5.

1862.

PROCÈS-VERBAL

DE LA

SÉANCE DE RENTRÉE

PRÉSIDÉE

Par M. LEBLOND

Bâtonnier de l'Ordre.

Le samedi, 25 janvier 1862, à sept heures du soir, les Avocats stagiaires près la Cour impériale de Caen, se sont réunis au Palais de justice, sous la présidence de M. Leblond, bâtonnier de l'Ordre des avocats et en présence de MM. Thomine, Bayeux, Feuguerolles, Trolley, Blanche, Paris, membres du Conseil de discipline, pour la séance d'ouverture des Conférences de l'année judiciaire 1861-1862.

M. le Bâtonnier, après avoir déclaré la séance ouverte, a prononcé l'allocution suivante :

MES CHERS CONFRÈRES,

Appelé pour la seconde fois à présider vos Conférences, souffrez que mes premières paroles soient des paroles de remercîment et de gratitude, pour les membres du conseil, et pour l'ordre tout entier.

Ma réélection aux fonctions de bâtonnier, en dépassant mes espérances, a comblé tous mes vœux; et j'y vois moins la récompense de vingt-cinq ans de travaux, qu'un encouragement pour ceux qui me suivent dans la carrière. Elle prouve une fois encore, qu'aux plus humbles comme aux plus modestes, il est permis d'aspirer un jour, au titre le plus glorieux qu'un avocat puisse ambitionner.

Toutefois un regret traverse mon esprit; et quand je songe qu'un de nos plus honorables collègues, n'a pas encore reçu les honneurs de cette seconde consécration, je me demande si on n'a pas poussé trop loin, pour moi, la bienveillance et la sympathie.

L'an dernier, mes jeunes confrères, je vous entretenais de l'utilité des conférences. Mes conseils ont porté leurs fruits. Elles ont été suivies avec une assiduité religieuse ; elles ont mis en relief bien des talents naissants, et prouvé qu'elles étaient, tout à la fois, la pépinière du barreau, de la magistrature et du professorat.

Permettez-moi de vous parler aujourd'hui des devoirs de la confraternité.

Quelles circonstances furent jamais plus propices ? — C'est au retour de cette glorieuse phalange, qui, partie de nos rangs il y a deux mois, revient toute entière triomphante, après avoir eu la bonne fortune de posséder pour témoin et pour juge de ses succès, un de ses plus illustres chefs.

C'est au lendemain d'une fête donnée par le barreau de France tout entier, au plus grand orateur sorti de ses rangs, fête à laquelle notre barreau s'est associé avec la plus vive sympathie, en se faisant représenter par un jurisconsulte que la Cour suprême nous envie, et dont la réputation est aujourd'hui européenne.

Cette grande fête de famille nous fait faire involontairement un retour sur nous-mêmes, et, en hommes impartiaux, nous avons le droit de nous demander, si nous n'avons pas laissé échapper l'occasion de manifestations semblables.

Nous avons le rare privilége de compter dans nos rangs, Trois Doyens du Barreau français.

Le premier, M. Lecerf, inscrit au tableau de notre ordre, **le 29 avril 1806**, a parcouru successivement avec honneur, les rangs du barreau et de la magistrature. Ancien professeur de Droit civil à notre Faculté, il y est encore attaché aujourd'hui comme professeur honoraire.

Il a écrit, sur ses vieux ans, un livre élémentaire sur la législation française.

Voici les paroles simples et touchantes qu'on lit en tête de son ouvrage :

« Je n'ai composé ce livre ni pour les juriscon-
« sultes, ni pour les magistrats ; je l'ai écrit avec
« le désir de préparer les jeunes gens qui ont
« l'intention de se livrer à l'étude du Droit, à le
« faire sans répugnance, avec plaisir, avec zèle, et
« par conséquent avec fruit. »

Qu'à cette pieuse pensée pour la jeunesse, réponde au moins un pieux souvenir, qui parvienne jusqu'à lui, et l'aide à supporter les infirmités, compagnes inséparables d'une extrême vieillesse.

Le second, M. de Guernon-Ranville, inscrit le

15 décembre 1810, après avoir brillé d'un vif éclat au barreau , parvint en peu d'années aux plus hautes fonctions de la magistrature.

Entraîné bientôt dans les sphères politiques, il a eu l'insigne honneur de siéger, comme Ministre, dans les conseils du Souverain qui avait son culte et sa foi.

Il est tombé avec lui, et il est venu chercher dans le barreau, témoin de ses premiers succès, cet asile inviolable et sacré, qui depuis plus d'un demi-siècle, a servi tant de fois de refuge aux hommes politiques.

Le troisième, qui ne nous a jamais quittés, qui nous est toujours resté fidèle, dont le nom est dans toutes les bouches, et aux côtés duquel j'ai l'honneur d'être assis, débutait au barreau **le 27 mars 1811**; il atteignait, par conséquent, **le 27 mars 1861**, cette *Cinquantaine*, si rare et si enviée, fêtée ailleurs avec tant d'éclat.

De 1811 à 1861, M. Thomine-Desmazures n'a pas cessé un seul jour de nous appartenir.

Il suffit de prononcer son nom pour réveiller dans la mémoire de tous, le souvenir de ses succès.

L'âge et le temps n'ont point altéré les puissantes facultés que Dieu lui a départies.

Qu'il nous soit permis au moins, en cette étroite

enceinte, de nous réunir tous dans une pensée commune, pour entourer de nos respects et de notre affection, le savant Avocat qui, pendant un demi-siècle, a été l'honneur et le modèle de notre corporation.

Les devoirs de la confraternité ne nous portent pas seulement à honorer nos Anciens.

Ils ne se bornent pas non plus à tendre la main aux nouveaux venus, et à leur faciliter l'entrée de la carrière.

Ces devoirs sont plus complexes, et l'éminent bâtonnier du barreau de Paris les a merveilleusement résumés en disant : « Aimons-nous les uns « les autres, plaçons notre force dans notre union. »

Que la confraternité ne soit pas un vain mot, et si, dans l'ardeur de la lutte, quelques froissements se sont produits, oublions-les sur le seuil du palais.

Si nous ne devons jamais sacrifier nos clients à nos confrères, ah ! gardons-nous toujours de sacrifier nos confrères à nos clients !

Je m'arrête, mes chers confrères, j'ai hâte de donner la parole au jeune stagiaire, qui a si brillamment échangé ce titre, contre celui d'agrégé.

Vos suffrages semblaient présager les succès qu'il a obtenus : c'est de lui qu'on peut dire :

« *Primus inter pares* ».

2

Prenez exemple sur lui et sur ses jeunes collègues: Noblesse oblige. Soutenez l'honneur de notre école, et vous soutiendrez en même temps l'honneur de notre barreau, qui revendique sa part de la victoire.

Serrez-vous autour du grand jurisconsulte et du grand écrivain, qui pour vous rester fidèle, fuit l'éclat des grandeurs, se dérobe aux régions les plus élevées et les plus enviées de la magistrature.

Serrez-vous autour du Professeur illustre, qui en créant tout récemment à côté de vos conférences, des conférences spéciales pour l'agrégation, s'est acquis des titres indélébiles à votre reconnaissance, et qui, en luttant pour rester parmi nous, a conquis des droits à notre admiration.

Après cette allocution, souvent interrompue et couverte par de vifs applaudissements, M. Thomine, profondément ému, a adressé à la Conférence les paroles suivantes:

MES CHERS CONFRÈRES,

J'étais assurément bien loin de prévoir que mon nom serait prononcé dans cette réunion, qui me paraissait devoir vous être consacrée tout entière, mes jeunes Confrères, et que je regardais comme exclusivement destinée à préparer les succès qui vous attendent, et à célébrer aussi ceux qu'une partie d'entre vous, a déjà si glorieusement conquis cette année.

Ce n'est donc pas sans une grande surprise et une profonde émotion, que j'ai entendu les paroles beaucoup trop flatteuses pour moi, que la bienveillance de notre honorable bâtonnier a cru devoir vous adresser, et que j'ai été témoin de l'accueil sympathique que vous avez bien voulu leur donner.

Sous l'empire de l'émotion profonde que j'en éprouve, je ne puis que vous rendre bien imparfaitement en ce moment, les sentiments dont je suis pénétré ; mais il m'est pourtant impossible de différer d'un seul instant, de vous en exprimer ma vive reconnaissance.

Je vous remercie donc, mes bons et chers Collègues, je vous remercie en particulier, mes jeunes Confrères, et je vous remercie non-seulement en mon nom, mais en celui de mes deux bons et vieux amis, auxquels notre bâtonnier a bien voulu m'associer, et qui n'ont pas comme moi le bonheur d'être présents en cette enceinte, mais que je n'ai pas besoin de consulter, pour être sûr d'avance, qu'ils partageront en cette circonstance tous mes sentiments, du témoignage d'affection et de sympathie dont vous nous comblez.

Pour mon compte, j'en suis même confus, et ce jour sera assurément l'un des plus heureux de ceux qui auront marqué dans ma longue carrière au barreau.

Après ces paroles parties du cœur et chaleureusement applaudies, M. le Bâtonnier a donné la parole à M⁰ Caillemer, chargé par ses confrères du discours de rentrée.

ÉTUDE

SUR

MICHEL DE MARILLAC

Quum in summa res nulla sit una,
Unica quæ gignatur, et unica solaque crescat.
(Lucrèce, II, 1077.)

Monsieur le Batonnier,

Messieurs et chers Confrères,

Lorsqu'on parcourt les annales de notre histoire, depuis le jour où les représentants des provinces françaises furent appelés par la royauté à formuler leurs vœux et à donner des conseils au souverain, jusqu'aux dernières heures de l'ancienne monarchie, il est une pensée qui se reproduit à toutes les époques, un désir qui se manifeste à chaque instant, et que nous sommes autorisés à considérer comme une pensée, comme un désir national : — Unité de législation et son préalable obligé, nécessité d'une codification, telle est l'idée que les États-Généraux ne manquent jamais de formuler.

Aussi l'un des premiers soins des gouvernements qui succédèrent à l'antique royauté capétienne fut de réaliser cette idée trop longtemps méconnue. Mais, au milieu des agitations et des convulsions politiques qui bouleversaient alors le pays, cette grande entreprise ne pouvait s'exécuter. — Ce ne fut que plus tard, lorsque le chaos des institutions révolutionnaires commença à se dissiper pour faire place à un ordre de choses régulier, que l'œuvre put s'achever.

Parmi les souverains dont l'histoire a conservé les noms, ceux que nous remarquons surtout sont les conquérants et les législateurs. — L'Empire put réaliser cette double gloire, et, aux conquêtes militaires, il sut allier les travaux législatifs. — Mais, entre ces deux titres d'honneur, s'il fallait prononcer lequel a produit les résultats les plus durables, l'hésitation serait-elle possible? — Le fruit des expéditions militaires a depuis longtemps disparu, tandis que nos Codes ont chaque jour gagné des partisans et sont encore aujourd'hui un objet d'envie et d'admiration pour ceux qui ne les ont pas déjà pris comme modèles.

C'est qu'en effet, Messieurs, sans parler de cette précision et de cette fixité que la codification donne aux lois qui régissent un peuple, la multiplicité des rapports qui s'établissent entre les nations, et qui, —

il nous est au moins permis de l'espérer, — progres-
seront de jour en jour et réuniront tous les hommes
dans les liens d'une plus intime fraternité, appelle et
réclame des bases certaines et uniformes.—Partout
où la tradition, où la coutume est la seule interprète des lois, la science d'une législation nationale
est le patrimoine de quelques rares privilégiés qui
la recueillent par une sorte d'initiation, tandis que
les Codes, « sans se renfermer dans les étroites
limites territoriales d'un certain pays, franchissent
les espaces, étendent leur action, et accomplissent
leur mission civilisatrice dans le monde entier (1). »

Une école, qui compte en Allemagne de nombreux
partisans, et qui, dans ces dernières années, a ren-
contré parmi nos publicistes français d'illustres et
de chaleureux défenseurs (2), conteste cependant les
avantages de la codification. — Un jurisconsulte
que la mort vient de ravir à l'université de Berlin et
au monde savant tout entier, M. de Savigny, s'était
fait l'interprète de cette opinion. Pour lui, la rédaction du Code civil avait été le signal de la décadence
de la science du droit dans notre pays, et toute son
ambition était de préserver l'Allemagne de l'entraî-

____

(1) M. Mittermaier, *Zeitschrift fur Handelswissenchaft*, IV, 326.
(2) M. Renan, *Essais de Morale et de Critique.*

nement qui eût pu la porter à suivre notre dangereux exemple.

Qui de vous, Messieurs, ne proteste contre une pareille allégation? Quelle époque fut plus que la nôtre féconde en remarquables travaux destinés à propager la science du droit et à reculer ses limites? Si, dans le jugement qu'elle porte sur nos Codes, l'Allemagne, à son insu, cède à l'influence des souvenirs que l'épée victorieuse de nos pères a dû lui laisser, si elle ne peut oublier que nos Codes lui furent plus d'une fois imposés par les armées de la France impériale, écartons ses appréciations comme des appréciations injustes, reconnaissons les bienfaits de la codification, et sachons rendre à ceux, qui ont préparé l'œuvre qu'il était donné à notre siècle d'accomplir, l'hommage qui leur est dû.

Je viens aujourd'hui, Messieurs, vous entretenir d'un des précurseurs de cette œuvre gigantesque, de celui de tous qui approcha le plus du but que l'on poursuivait, d'un homme dont le nom restera à jamais attaché aux tentatives dont nos pères ont vu le couronnement, d'un magistrat que notre histoire politique peut, comme notre histoire juridique, revendiquer avec orgueil : je veux parler du chancelier Michel de Marillac.

Est-il besoin, Messieurs, que je fasse appel à votre

bienveillance. Pour remplir dignement la mission que vos suffrages m'avaient confiée, pour affronter sans trop de périls les dangereux souvenirs que cette reprise périodique de vos studieux labeurs doit éveiller en vous tous, le loisir, le calme et le repos m'eussent à peine suffi.—Et, cependant, c'est au milieu des luttes les plus émouvantes, sous le coup des préoccupations les plus vives, que ces pages ont été écrites.—Si vous y ajoutez encore cette pensée sans cesse présente à mon esprit, que, pour la dernière fois, il m'est permis d'assister à votre fête de famille, et que je dois profiter de cette solennelle circonstance pour offrir à nos maîtres l'hommage public de ma respectueuse reconnaissance, et pour vous adresser à vous, mes chers Confrères, cette triste parole d'adieu, qui, trop souvent dans la vie, vient suspendre les relations les plus douces et briser les affections les plus intimes, vous comprendrez que la bienveillance ne suffit plus, et que j'ai le droit, plus que jamais, de compter sur cette sympathique indulgence que de nombreux témoignages m'ont rendue familière.

Marillac naquit le 9 octobre 1563 (1) d'une noble

(1) La bibliothèque Sainte-Geneviève, à Paris, possède (L. f. 41.), depuis plus d'un siècle, un énorme manuscrit, petit in-folio de plus de 800 pages, contenant l'*Histoire de la vie de messire Michel de Marillac.*

famille d'Auvergne, qui, depuis le XIVe siècle, avait fourni à la magistrature, au barreau et à l'armée d'illustres représentants.

Lorsqu'il eut terminé ses études dans l'Université de Paris, il songea à se consacrer à cette noble profession d'avocat, dont il ne nous appartient pas de faire ici l'éloge; mais qui était alors en grand

chevalier, Garde des sceaux de France, par Messire Nicolas Lefevre, sieur de Lezeau, maistre des requestes et conseiller ordinaire du Roy en son conseil d'Estat. — Ce manuscrit, qui ne paraît pas avoir été jamais publié, renferme sur la piété et la dévotion de Marillac un grand nombre de détails qui rappellent les édifiants écrits des agiologues réunis par les Bollandistes, détails qui, n'offrant aucun intérêt pour l'histoire générale du XVIIe siècle, pourraient expliquer l'absence de publicité donnée au travail du sieur de Lezeau. Nous ne voulons en donner pour preuve que la rubrique de quelques chapitres :

Ch. IV. De la sainte conversation qu'il a eue avec la bienheureuse sœur Marie de l'Incarnation.

Ch. V. Du peu d'affection qu'il avait aux richesses.

Ch. VI. Du mépris de la vaine gloire.

Ch. VII. Qu'il ne prenait point de consolation aux choses de la terre.

Ch. VIII. De sa dépendance et confiance en Dieu.

Ch. IX. De sa piété et dévotion.

Ch. X. De la protection qu'il a donnée aux Religieuses carmélines contre les Pères carmes deschaussez, etc.

L'historiographe de Marillac, qui paraît avoir été son ami et son confident, et qui a pour lui toute la vénération qu'un légendaire a pour les saints dont il raconte la vie (nous citerons notamment le touchant récit de la mort de Marillac. Ch. XXII : De son décès), a dû écrire vers la moitié du XVIIe siècle; c'est ce que laissent supposer les approbations que l'auteur avait sollicitées des contemporains de l'ancien Garde des sceaux.

honneur, comme elle le fut dans tous les temps, comme elle le sera toujours, tant qu'elle restera fidèle aux traditions séculaires de l'ordre, qu'illustraient alors Pierre Versoris, Étienne Pasquier et François de Montholon.

Le jeune avocat ne tarda pas à se signaler entre ses confrères, et il obtenait les plus légitimes succès, lorsqu'un de ses alliés, M. de Sillery, conseiller au Parlement, qui venait d'être nommé ambassadeur en Suisse, lui proposa sa charge, et Marillac accepta.

Les Parlements n'étaient pas seulement, comme le sont aujourd'hui nos Cours souveraines, de grands corps judiciaires. Ils étaient aussi un pouvoir politique. Par usurpation, ou, tout au moins, par un développement excessif de leurs attributions premières toléré par quelques-uns de nos rois, ils se reconnaissaient le droit de donner des conseils à la couronne, parfois même d'entraver sa marche et d'arrêter son action. — Sous le règne des débiles successeurs de François Ier, leur puissance s'était encore accrue, — et Marillac, entrant dans le Parlement de Paris, dût se résigner à prendre un rôle actif dans les événements politiques que l'avenir laissait entrevoir.

En effet, au moment où notre héros apparaît pour

la première fois sur la scène du monde public, la France était en proie à une grande agitation. Depuis plus de vingt ans, les guerres de religion n'avaient cessé de désoler et d'ensanglanter notre pays, et d'y jeter partout le trouble et l'anarchie.

Trois factions principales se partageaient alors la France,— le parti monarchique qui reconnaissait comme souverain Henri III,—le parti huguenot qui combattait pour la liberté de conscience et obéissait aux princes de la maison de Bourbon,—enfin, le parti démocratique, la Sainte-Union, qui se posait en champion de la cause catholique, et, sous la puissante impulsion du duc de Guise, s'arrogeait le droit de déposer les rois.

Marillac, catholique ardent et sincère, imita la plupart des membres de la haute compagnie à laquelle il venait d'être attaché. Il suivit le parti qui semblait être celui de la religion et se fit bientôt remarquer parmi les plus zélés ligueurs. — Il mérita même, malgré son jeune âge, d'être appelé au Conseil général de l'Union qui devait gouverner la France en attendant l'Assemblée des États-Généraux.

Mais, lorsque le poignard d'un moine fanatique eût assassiné Henri III, de nouvelles divisions se produisirent encore et vinrent augmenter les difficultés de la situation.—Qu'allait devenir cette couronne, objet de convoitise et d'envie, qu'Henri de Valois expirant avait léguée à Henri de Navarre? — Et, parmi les candidats nombreux qui aspiraient à la relever, lequel rencontrerait l'appui de la nation avec laquelle il faut désormais compter, l'appui du Parlement, le seul corps qui au milieu du bouleversement général des institutions ait conservé quelque influence?

Si la désunion n'avait pénétré dans le parti de la Ligue, peut-être la victoire eût-elle couronné les efforts des Guise?—Grâce à Dieu, ce système antinational, qui conduisait fatalement au démembrement de la France et entraînait la subordination de notre nationalité à une puissance étrangère, ne devait pas réussir. Au milieu de ses rivalités et de ses jalousies, la Sainte-Union se démembra et finit par disparaître.

De ses partisans, les uns, qui voulaient à tout prix le maintien des principes monarchiques auxquels la France avait jusqu'alors obéi, et qui se retranchaient fièrement derrière cette loi salique si fameuse dans notre histoire, craignant tout à la fois Mayenne et Philippe II, n'étaient pas éloignés de songer à un rapprochement avec le roi de Navarre, alors même qu'il persisterait dans la religion protestante.—On les appela par dérision les *politiques ;*

et la gravité de l'histoire devait un jour leur conserver ce nom comme un titre d'honneur.—C'était l'opinion de Guillaume du Vair, du président Lemaistre, du procureur général Molé et de quelques-uns des conseillers les plus influents du Parlement.

D'autres, tout en ne voulant pas d'une princesse espagnole ou d'un roi huguenot, n'avaient pas cependant une grande confiance dans les Guise. En proie à une vive hésitation, ils n'osaient ouvertement proclamer Henri IV; mais ils ne le repoussaient pas non plus et proposaient de sommer le roi de Navarre, s'il voulait être reconnu pour souverain, d'avoir à embrasser la religion catholique.—C'étaient, comme on disait alors, les *sémonneux*, et le pieux Marillac sera du nombre.

Il y avait encore les vrais ligueurs, les partisans des Guise, qui, depuis la mort du cardinal de Bourbon, fantôme de roi inventé sous le nom de Charles X, et dont l'histoire n'a pas même enregistré le règne, ne savaient auquel des représentants de l'illustre famille de Lorraine ils devaient leurs hommages.—Et, si l'on n'eût consulté que les ambitions de ces princes actifs et turbulents qui se disaient issus de Charlemagne, la France eût été bientôt démembrée, plus violemment encore peut-être qu'à l'époque de leurs belliqueux ancêtres, les carolingiens.

Il y avait enfin les partisans de Philippe II, qui, forts de l'appui que leur prêtait le souverain pontife et la majorité du clergé français, voulaient renverser cette fiction surannée de la loi salique, donner la couronne à une infante d'Espagne, sacrifier notre nationalité aux prétendus intérêts de la religion, et faire de notre malheureux pays une grande et puissante province reliant les Pays-Bas à la Péninsule.

La victoire était-elle réservée à cette réunion d'éléments hostiles qui dans les conseils ne pouvaient s'accorder et chaque jour s'immolaient les uns les autres?—Mais, hélas! le parti du Béarnais n'offrait guère plus d'homogénéité.

Pendant que les *politiques* de la Ligue trahissaient pour Henri IV leur faction, dans le camp du vainqueur d'Ivry s'introduisait une division qui pouvait compromettre encore davantage sa fortune déjà chancelante.

Les seigneurs catholiques de l'armée d'Henri III, les compagnons d'armes d'Henri de Navarre aux journées de Poissy, de Pithiviers et de Pontoise, avaient, près du lit de mort du dernier des Valois, juré fidélité au premier des Bourbons.—Mais ils oubliaient déjà leurs serments et quelques-uns d'entre eux, qui formaient le *tiers-parti*, songeaient à rejoindre Mayenne et la Ligue.

Singulier spectacle, Messieurs, bien. fait pour inspirer l'horreur de ces guerres religieuses, plus cruelles, plus fanatiques encore que toutes autres ! La France divisée entre de nombreux prétendants, obligés, pour soutenir ce qu'ils appellent leurs droits, d'ouvrir ses portes à des troupes alliées qui, en l'épuisant, préparent leur conquête ! Partout, la surprise et le carnage ! Ici, des garnisons passées au fil de l'épée ! Là, tableau plus effroyable encore, la famine et ses tragiques et sanglantes extrémités ! — Oh ! mes chers Confrères, quand le regard étonné s'arrête sur ces tristes années, combien nous apparaît digne de nos respects et de nos dévouements ce sage principe de liberté de conscience, base essentielle de la fraternité humaine, si profondément gravé aujourd'hui dans tous nos esprits ! Je ne sais si, comme on l'a soutenu, nous devons cette conquête à l'indifférence religieuse du XVIII* siècle. S'il en est ainsi,—ce que pour ma part je ne saurais admettre (1),—soyons plus indulgents pour l'erreur

(1) « La tolérance est fille de l'expérience et d'une longue pratique de la liberté. » M. A. Bertauld, *Philosophie politique de l'Histoire de France*, p. 333.

de nos pères, et, tout en la regrettant, rendons hommage à sa noble conséquence.

Je ne peux, Messieurs, vous retracer les longues et émouvantes péripéties qui signalèrent cette sorte d'interrègne de la mort d'Henri III à l'entrée d'Henri IV dans sa capitale. Mon cadre est plus restreint, et je veux seulement vous dire quel fut alors le rôle de Marillac.

De tous les magistrats qui composaient le Parlement de Paris, le jeune conseiller, s'il ne fut pas le plus énergique et le plus téméraire, contribua puissamment, à son insu peut-être, à assurer le triomphe de l'idée monarchique et nationale personnifiée dans le roi de Navarre.

Si, dès l'abord et pour bien caractériser le but de la Ligue, nous le voyons proposer de déclarer qu'on ne prend les armes que pour l'assurance de la religion, et qu'on les posera fort volontiers lorsqu'on aura trouvé cette assurance (1), nous le rencontrons bientôt après parmi les *sémonneux*, défendant l'opinion qui veut qu'on invite le roi de Navarre à se faire catholique.—C'était un premier pas vers Henri IV, au moment où les ligueurs forcenés soutenaient que l'abjuration du roi ne serait plus suffisante pour lui ouvrir le chemin du trône.

(1) 30 octobre 1591.

Mais Marillac se prononça plus clairement encore l'année suivante. — Le légat de la Cour de Rome avait reçu des instructions qui le chargeaient de réunir l'assemblée des États du royaume de France, pour qu'ils eussent à faire élection d'un roi.

Donner des instructions pareilles, c'était déjà empiéter sur la souveraineté nationale qui ne relève que d'elle-même, et ne doit pas subir les volontés d'une puissance étrangère, si respectable qu'elle puisse être par son origine et par les idées qu'elle représente.—C'était aussi faire échec aux traditions de la couronne. Le royaume de France est successif, et il ne peut être question pour les États d'élire un roi.—Il semble donc que le Parlement de Paris, gardien toujours vigilant des prérogatives traditionnelles du pays, dut s'émouvoir et protester lorsqu'on lui demanda l'enregistrement des Facultés du légat.

La clause fut cependant admise sans observation. Mais grande fut partout la stupeur lorsqu'apparut la négligence du Parlement.—Les compagnies royalistes indignées, et notamment le Parlement de Chalons (1), fulminèrent un arrêt contre le légat, l'assemblée, les lieux où elle se réunirait, et les personnes qui s'y trouveraient. — Le Parlement ligueur crut

______

(1) 18 novembre 1592.

devoir répondre par arrêt à ces anathèmes. Mais, sur les instances très-vives de Marillac, il ajouta qu'il exhortait tous les députés des trois ordres à se trouver soigneusement à l'assemblée des États, lesquels étaient convoqués non à autre fin que pour procéder à la déclaration et établissement d'un prince catholique et français, suivant les lois du royaume (1).

Les termes de l'arrêt étaient la condamnation des prétentions de Philippe II, et l'autorité du Parlement était assez grande pour qu'il fallut désormais renoncer à déposer la couronne de France sur la tête d'une infante espagnole.

Mais restait une autre combinaison, qui pouvait encore satisfaire Philippe, et qui eût infailliblement réussi sans Michel de Marillac et le Parlement. C'était le mariage de l'infante avec un prince français et catholique. — Les États, rassemblés à Paris, venaient d'accepter, par un vote resté fameux (2), les bases de cette flagrante violation d'un principe de notre droit public que nos pères avaient eu l'habileté de mettre sous le patronage de la vieille loi salique. — Quelques difficultés existaient seule-

(1) 22 décembre 1592.
(2) 20 juin 1593.

ment sur le choix du prince qui devait épouser l'infante.

Pendant que ces graves questions s'agitaient au milieu des États, le 23 juin 1593, la seconde chambre des enquêtes du Parlement était réunie au palais de justice, et, sous le poids de la plus vive émotion que les événements du dehors lui avaient inspirée, elle se livrait à ses travaux accoutumés. —Soudain, Marillac se lève, et, dans une chaleureuse harangue, expose à ses collègues surpris et étonnés les décisions importantes que les trois ordres viennent d'adopter (1). Le Parlement s'y doit opposer, et il faut sur l'heure réclamer l'assemblée générale de la compagnie tout entière.

La motion de Marillac n'est pas admise sans difficulté. Les uns par crainte de la mort, d'autres par conviction que leurs efforts seront inutiles, repoussent sa demande. Le jeune magistrat insiste : « Vous êtes officiers de la couronne, dit-il, témoignez au moins à la postérité que vous n'avez pas approuvé les délibérations des États ».

L'impulsion était donnée, et Marillac, tout en

____

(1) « S'il plait à sa majesté catholique avoir pour agréable le choix qui sera fait d'un de nos princes pour être roi, et l'honorer de tant, pour le bien de la chrétienté et de ce royaume, que de lui donner en mariage la sérénissime infante sa fille, nous lui aurons infinies obligations... »

coopérant activement à l'arrêt du 28 juin, s'effaça et
ne parut plus qu'au second plan. Lui-même avait
fait remarquer qu'il serait assez chargé d'envie pour
avoir fait sa proposition, sans avoir encore à la soutenir devant les autres Chambres.— Je voudrais que
Marillac eût été courageux jusqu'au bout ; mais,
hélas ! les plus forts eurent alors leurs défaillances.
Le premier président de Harlai, type éminent de la
dignité judiciaire et du courage civil, en avait lui-
même donné l'exemple (1).

Toutes les Chambres du Parlement se réunirent le
28 juin ; le conseiller Guillaume du Vair prit la
parole, et son discours, qui nous a été conservé et
qui demeurera comme un chef-d'œuvre de l'élo-
quence parlementaire, digne d'être comparé aux
plus belles harangues de l'antiquité, entraîna les
esprits. Séance tenante, fut rendu l'arrêt resté

(1) M. Sapey, dans ses *Études biographiques pour servir à l'Histoire de
l'Ancienne Magistrature française*, 1358, p. 39, soutient que l'initiative
de l'arrêt du 28 juin appartient à Guillaume du Vair, et non à Marillac ;
et il fonde cette opinion sur un document fort peu explicite.—Voltaire, dans
son *Histoire du Parlement*, en fait honneur à Lemaistre.—Tous les récits
détaillés qui nous sont parvenus sur l'arrêt impliquent que Marillac fut
l'auteur de la motion. Du Vair lui-même l'attribue à des conseillers des
enquêtes, sans rien spécifier.—Peut-être avait-elle été concertée avec les
politiques du Parlement ; mais nous pouvons revendiquer pour Marillac
l'honneur de s'en être fait l'organe.—Voir dans notre sens : M. Henri
Martin, t. X, 4e édit., p. 321.

fameux sous le nom d'arrêt pour la manutention de la loi salique, déclarant « tous traités faits ou à faire pour l'établissement de prince ou princesse étrangers nuls et de nul effet et valeur, comme faits au préjudice de la loi salique et autres lois fondamentales du royaume. »

Le lendemain, la Cour se présenta chez Mayenne, et le président Lemaistre, assisté de Marillac et de quelques conseillers, après avoir rappelé au duc qu'une loi, destinée à préserver la monarchie du gouvernement des femmes et de la domination de l'étranger, était une de ces lois fondamentales qui ne peuvent être prescrites par aucun temps, abolies par aucun pouvoir, lui donna lecture de l'arrêt du Parlement.

Le lieutenant-général « resta d'abord accablé et atterré (1) ». — Mais revenu de sa première surprise, il voulut recourir aux menaces pour effrayer les magistrats et les faire revenir sur leur décision.— Ils le repoussèrent avec courage et dignité, et, pour couper court à toutes tentatives nouvelles, Marillac et ses collègues jurèrent qu'ils perdraient volontiers la vie plutôt que de se départir de leur arrêt.

Aujourd'hui, Messieurs, grâce aux idées de sage

___

(1) M. Poirson, *Histoire de Henri IV*, t. II, p. 691 ; t. Ier, p. 214.

tolérance qui sont naturalisées parmi nous, — je n'ose dire à cause de nos sentiments d'indifférence pour ces problèmes politiques qui passionnaient nos aïeux, — un pareil serment nous surprendrait, sans nous convaincre.— Au XVIe siècle, les magistrats qui le prêtaient avaient sous les yeux de nombreux exemples pour leur rappeler que le moment ne serait peut-être pas éloigné où le Parlement serait mis en demeure de tenir sa parole.

C'était, en effet, une des traditions de la magistrature, une de celles dont elle se montrait le plus justement fière ! Les Parlementaires savaient mourir plutôt que de faillir à leurs croyances et à leurs convictions. Ils n'avaient pas oublié que le prince des jurisconsultes romains, sommé par Caracalla de faire l'apologie d'un fratricide, avait payé de sa vie son noble refus; et ces magistrats, nourris de l'étude des lois romaines, avaient appris de Papinien tout à la fois la science du droit et la science de bien mourir. — Ce ne serait pas une étude sans intérêt, Messieurs, que celle qui voudrait énumérer les victimes sans nombre de cette sanglante hécatombe qui absorbait le plus pur du sang des Parlements, et qui venait encore de leur imposer le sacrifice de trois de leurs membres (1). Pour ma part, lorsque ma pensée s'arrête sur ce long martyrologe, j'oublie

(1) Dans une solennité récente, l'auteur d'un discours sur les *traditions judiciaires des Parlements*, a, dans des termes très-sévères, critiqué la conduite du Parlement de Paris à la suite de l'assassinat de Brisson, de Larcher et de Tardif. Faisant allusion à une séance du 16 décembre 1591, dans laquelle Louis d'Orléans prononça sa harangue sur le Chandelier de justice, il s'est écrié :

« Étrange temps, en vérité ! Hier, trois membres du Parlement viennent d'être arrachés de son sein, ils ont été mis à mort, le gibet est encore debout, et, des hauts siéges où elle est assise, la Cour peut le voir ! Et cependant elle est là, impassible, écoutant sans sourciller, une froide harangue sur le Chandelier de justice ! Il faut bien le croire, pour que ce jour-là le Parlement indigné n'ait pas imposé silence au fanatique rhéteur, il fallait que le Parlement eût peur..... (p. 32.) »

J'en demande pardon à M. l'avocat général Farjas, mais je me crois obligé de dire que rien n'est moins exact que sa conclusion, et que, sans la noble et courageuse attitude du Parlement, une nouvelle Saint-Barthélemy de la magistrature et de la bourgeoisie eût été consommée.

Ce fut le 15 novembre que les Seize commencèrent leur œuvre de sang et de proscription.—Le Parlement, en apprenant la mort tragique de ses membres, suspendit ses séances, et, lorsque quatre jours plus tard, les chefs de la Ligue sommèrent les magistrats de regagner leurs siéges, et de reprendre leurs travaux , tous résistèrent. Lemaistre déclara aux Seize qu'il ne rentrerait au palais que pour faire pendre ceux qui avaient mis à mort le président Brisson. D'Orléans lui-même les traita de meurtriers et de scélérats. — Et, devant ces courageuses protestations, toute l'énergie des Seize disparut.

Le 4 décembre, quatre d'entre eux étaient pendus au Louvre ; d'autres n'échappaient à la mort que pour se résigner à l'exil ; beaucoup étaient jetés dans les cachots. —Brisson, Larcher et Tardif étaient assez vengés, leurs fautes, je pardonne leurs faiblesses et leurs erreurs, et je n'éprouve qu'un sentiment d'admiration profonde pour l'institution qui savait former de tels hommes et inspirer de pareils dévouements.

Grâce à Dieu ! un nouveau sacrifice ne lui fut pas imposé, et le lieutenant-général, reculant devant l'énergique attitude de la magistrature que soutenaient l'opinion publique et la milice bourgeoise, n'osa recourir à la force brutale pour briser l'arrêt du Parlement.

Quelques jours après (1), l'abjuration du roi, en faisant disparaître la cause principale de la Ligue française, ralliait la majorité à la cause de Henri IV, et complétait l'œuvre si noblement commencée par l'arrêt du 28 juin.

Le roi n'oublia pas les services que le zèle désintéressé du jeune conseiller ligueur lui avait rendus. Marillac devint maître des requêtes et reçut plu-

---

et, le 16 décembre, la Cour n'avait plus à craindre de découvrir de ses hauts siéges le gibet auquel ils étaient suspendus.

Quoi d'étonnant alors que les magistrats, qui avaient obtenu pleine satisfaction, aient repris leurs antiques coutumes, et cherché dans l'observation fidèle de leurs pieuses traditions l'oubli des jours néfastes qu'ils venaient de traverser ?

(1) 25 juillet 1593.

sieurs missions qui prouvent que son crédit alla toujours croissant.

Mais sous le règne de Louis XIII, la fortune de Marillac fut plus brillante encore ; et, cependant, loin de chercher les honneurs et les dignités, tous ses efforts tendaient à les éloigner et à vivre dans le calme et dans la retraite. — Le prince des orateurs romains, l'ambitieux Cicéron, s'indignait contre ceux qui ne regardent pas comme un bonheur insigne d'être appelés aux plus hautes fonctions de la république, et qui, dès leur jeune âge, ne songent pas à les briguer et à les obtenir (1). — L'opinion de Cicéron, si elle est celle du plus grand nombre, trouve parfois de redoutables contradicteurs, et, à toutes les époques, au XIXe comme au XVIIe siècle, nous pourrions, sans être obligés de chercher loin de nous, citer des hommes éminents, qui, par leurs travaux remarquables, occupent déjà un rang parmi les plus illustres, et qui, sur ce point, imitent Marillac.

Dans un court intervalle, malgré les plus vives résistances, Marillac est successivement nommé conseiller d'État (2), attaché à la direction des fi-

(1) *De republica*, lib. 1er, passim.
(2) En 1612.

nances (1), conseiller ordinaire (2), surintendant des finances (3), et, dans toutes ces charges, il se signale par son amour du travail et surtout par une haute probité qui lui attire l'estime même de ceux qui veulent le renverser.—Enfin, lors de la disgrâce du chancelier d'Haligre, le roi lui confie la garde des sceaux (4).

C'est en cette qualité que Marillac devait attacher son nom à un important monument législatif, qui, s'il fut méconnu par les contemporains de sa rédaction, a su conquérir de nos jours d'enthousiastes admirateurs.

Les États-Généraux, convoqués par la régente de France, s'étaient réunis en 1614, et le tiers-état, avec le sentiment du rôle important qu'il était désormais appelé à jouer, avait énergiquement formulé ses plaintes et ses vœux. La vieille royauté, étonnée par cette fière attitude, décida sans doute que les États-Généraux ne se réuniraient plus; et si, près de deux siècles plus tard, elle fut contrainte de les assembler de nouveau, elle dut voir que le sys-

(1) En 1619.
(2) En juin 1624.
(3) En août 1624.
(4) 1er juin 1626.

tème absolu par lequel elle avait espéré comprimer leurs réclamations et étouffer leur voix avait porté de tristes fruits, puisqu'ils furent les témoins et les complices de sa déchéance.—Mais, provisoirement, les États de 1614 avaient parlé, et, dans leurs mémorables cahiers, ils avaient formulé tout un ensemble de griefs dont la justice était évidente et dont la royauté était obligée de tenir compte.

Satisfaction leur fut donnée par l'ordonnance de 1629 connue sous le nom de Code Michaud, œuvre de transaction et de conciliation, rédigée par Michel de Marillac, sur laquelle je veux un moment appeler votre attention.

Sans doute, Messieurs, cette belle ordonnance ne présente pas l'image fidèle de l'absolue perfection. On y chercherait en vain cet esprit d'unité et de système que nous sommes habitués à rencontrer dans nos codes modernes. Dans cette longue série d'articles, les questions les plus importantes du droit politique, du droit civil et du droit criminel, la juridiction ecclésiastique et les priviléges des universités, administration, finances, domaine public, armée, marine, tout est réglementé à la fois, et le plus souvent aucun lien ne rattache les dispositions qui se succèdent. C'est comme un recueil de décisions isolées, classées dans un ordre auquel le hasard seul a présidé. — On y parle tout à la fois de la prescription quinquennale, de la publicité à donner aux séparations de biens, des cessions que les débiteurs malheureux et de bonne foi font à leurs créanciers, et des secondes noces (1) !

Ne reprochons pas trop sévèrement à Marillac cette regrettable confusion. Le temps n'était pas encore arrivé où l'esprit de clarté et de méthode, qui est le propre de notre génie français, devait trouver d'éminents interprètes. Les représentants les plus illustres de la science du droit , Cujas et ses imitateurs, s'étaient bornés à présenter le commentaire des dispositions qu'ils avaient à expliquer, et, si quelques tentatives de systématisation avaient été faites par les rédacteurs des coutumes et par de hardis novateurs, ces efforts n'avaient pas toujours été couronnés d'un grand succès. — Il était réservé à Domat et surtout à Pothier d'accomplir ce gigantesque travail et de préparer ainsi l'œuvre que nos pères n'auraient qu'à résumer et à marquer de l'empreinte législative.

L'Ordonnance de 1629 ne nous offre pas non plus

(1) Art. 142, 143, 144, 145.

dans sa rédaction cette sobriété, cette précision qui doit caractériser les lois. — Ici encore, soyons indulgents pour Marillac. Si la science du droit attendait un ordonnateur, la langue française, elle aussi, n'avait pas complétement trouvé sa voie, et les grands écrivains qui devaient illustrer et immortaliser le siècle de Louis XIV étaient encore à leur début. — N'oublions pas d'ailleurs que les ordonnances de l'ancien régime rappellent assez par leurs formes extérieures les longues et verbeuses constitutions des empereurs byzantins. La tradition s'en était perpétuée parmi les législateurs du moyen âge, et on ne peut faire un grave reproche à Marillac de ce qu'il s'y est conformé.

De la forme, si nous passons au fond, entre beaucoup de dispositions qui seraient pour nous sans intérêt, parce que leur cause a disparu avec l'ancien régime, il en est plus d'une qui nous blesse aujourd'hui, mais qui est malheureusement trop conforme aux idées alors en vigueur. La mort civile du moine profès, et sa conséquence, l'incapacité de disposer (1), l'interdiction absolue du droit de chasse aux roturiers (2), et, comme parallèle, la défense

(1) Art. 9.
(2) Art. 203.

faite aux gentilshommes de s'entremettre d'aucun trafic (1) autre que le commerce maritime (2) ; les nouvelles lois somptuaires (3) ; la défense d'envoyer les enfants étudier hors du royaume (4), et aussi, ce qui est plus grave, d'exporter à l'étranger l'or et l'argent (5), prohibition qui devait entraîner la ruine de notre commerce et nous exposer à des guerres terribles ; mais qui était tellement enracinée dans les esprits que Colbert lui-même, puissant génie qui avait sur tant de points devancé l'économie politique, s'inclinera devant ce fâcheux préjugé.

Mais ce que nous devons saluer avec bonheur dans l'ordonnance, c'est, malgré quelques souvenirs du passé, l'avénement du principe d'égalité que l'on avait jusqu'alors trop méconnu : c'est la salutaire apparition des idées d'humanité et de crédit public formulées dans la loi.

Lorsque, dans les États de 1614, les membres de l'ordre privilégié osèrent déclarer au Tiers qu'il n'y avait pas plus de fraternité entre la noblesse et la roture qu'entre le maître et le valet, de Mesmes avait

(1) Art. 198.
(2) Art. 452.
(3) Art. 133, 134, 135, 136.
(4) Art. 47.
(5) Art. 208.

fièrement répondu que les trois ordres étaient frères, issus d'une mère commune, la France ; que la noblesse, quoiqu'élevée de quelque degré par dessus le Tiers, ne le devait pas mépriser ; qu'il se trouvait bien souvent que, dans les familles particulières, les aînés ravalaient les maisons et les cadets les relevaient et les portaient au point de la gloire.

Ce noble langage devait laisser des traces dans l'ordonnance: si les dispositions du Code Michaud eussent été respectées et développées, des relations plus intimes et plus fraternelles se fussent établies entre les deux ordres, et peut-être l'idée démocratique eût fini par prévaloir sans le secours des révolutions!

Sur les siéges des Parlements figureront tout à la fois, sans distinction de rang ou de classe, les représentants de la noblesse et de la bourgeoisie (1). — Le Parlement ne sera plus au-dessus de la loi, et, tout en conservant le droit de remontrance, il n'aura plus ce droit de veto qu'il prétendait s'arroger en refusant l'enregistrement des ordonnances royales (2). Le temps est bien loin où le conseiller ligueur croyait que, dans certains cas, l'autorité

(1) Art. 201.
(2) Art. 1er.

du Parlement peut aller jusqu'à déposer les rois !—
Le droit d'évocation, qui permettait à un trop grand
nombre de seigneurs d'échapper à leurs juges na-
turels, sera restreint et réglementé (1). — Sur les
navires qui sillonnent l'Océan et préparent la puissance maritime et commerciale de la France, on
verra réunis le roturier et le gentilhomme (2). —
L'humble paysan, qui embrassera la carrière des
armes, pourra par son courage et sa valeur atteindre
les plus hautes positions de l'organisation mili-
taire (3).—Le fils illégitime du privilégié ira grossir
les rangs du tiers-état (4), disposition dont l'im-
portance ne frappe pas dès l'abord, mais qui eut
produit les plus heureux résultats pour le triomphe
de l'idée égalitaire, si on l'eût observée.

Signalons aussi, dans l'ordonnance, plus d'un ar-
ticle inspiré par l'amour de l'humanité. — La contrainte par corps en matière civile ne s'exercera ni
contre les femmes, ni contre les septuagénaires (5);
le débiteur qui aura fait cession de biens n'encourra

(1) Art. 72 et suivants.
(2) Art. 452.
(3) Art. 229.
(4) Art. 197.
(5) Art. 156.

pas l'infamie (1) ; la détention préventive en matière criminelle sera abrégée ; les prévôts devront
interroger les prisonniers dans les vingt-quatre
heures de la capture, instruire l'affaire dans le
délai de deux mois et la faire juger immédiate-
ment (2).

Applaudissons encore aux tentatives faites par
Marillac pour assurer le crédit : la restriction des
substitutions, cette plaie de l'ancien régime, qui,
sous prétexte de développer la liberté du disposant,
réduisait à l'impuissance de longues séries de
générations (3) ; — la nécessité de constituer le gage
par écrit (4) ; — la sévérité des peines infligées aux
banqueroutiers frauduleux (5) ; — une certaine publicité donnée aux poursuites en expropriation et
aux droits des créanciers hypothécaires (6) ; —
mesures bien imparfaites si on les compare à nos
lois actuelles, mais dont il faut cependant savoir
gré à Marillac, lorsqu'on songe que Colbert lui-
même, malgré toute sa puissance et toute son

(1) Art. 144.
(2) Art. 186, 187.
(3) Art. 124, 125.
(4) Art. 148.
(5) Art. 153.
(6) Art. 161.

énergie, ne put sur ce point triompher des résistances de ses contemporains.

Ajoutons enfin que l'ordonnance, en cela mieux inspirée que le Code Napoléon, tranche par des textes formels certaines difficultés qui, aujourd'hui, préoccupent vivement les jurisconsultes. La nullité des donations entre concubins (1), l'application de la prescription quinquennale aux intérêts moratoires (2) sont décrétées par la loi.—Il est à regretter que les législateurs de 1804, sans se croire enchaînés par les solutions de Marillac, ne se soient pas aussi clairement expliqués.

Marillac était parvenu à l'apogée de ses grandeurs. — Son ambition alla-t-elle alors jusqu'à vouloir supplanter le cardinal de Richelieu, pour remplir à son tour les fonctions de premier ministre? On l'a soutenu; mais il serait difficile de concilier cette pensée avec les démarches sans nombre qu'il fit alors près du roi et du cardinal lui-même pour se débarrasser de la garde des sceaux.—Voulait-il seulement contribuer à la chute d'une administration qui commençait à soulever des plaintes? Je ne saurais le dire.— Toujours est-il que Marillac

(1) Art. 132.

(2) Art. 150.

s'attacha à la cause de Marie de Médicis contre Richelieu, cause malheureuse qui ne pouvait triompher en présence de la faiblesse du monarque et de l'habileté du ministre, et qui devait entraîner dans sa chute tous ceux qui s'étaient constitués ses champions !

Ce fut le 11 novembre 1630 que la reine dut se résigner à accepter la suprématie et à reconnaître la victoire de Richelieu.—A compter de ce jour, la vie de Marillac ne fut plus qu'une série d'épreuves et de tribulations. Les sceaux lui furent enlevés et des gardes s'emparèrent de sa personne. — Marillac souffrit tout sans murmurer, sa chute et ses humiliations ; et, suivant la naïve expression de son chroniqueur, il se laissa conduire *tanquam ovis ad occisionem.*

Son frère, un maréchal de France, Louis de Marillac, fut compris dans la même proscription, condamné à mort et exécuté en place de Grève.—Une existence plus malheureuse encore fut réservée au chancelier. En butte aux outrages d'une soldatesque grossière, il erra pendant quelque temps de ville en ville. Evreux, Caen (1), Lisieux furent successive-

(1) « D'Evreux, il fut conduit à Lizieux, toujours en la mesme manière, où l'exempt sembloit ne sçavoir plus ce qu'il avait à faire de son prison-

ment spectateurs de son triste cortége et témoins de ses humiliations. — On le conduisit enfin à Chateaudun, où, après lui avoir laissé quelques derniers jours d'une trompeuse liberté, on le relégua dans une forteresse dont les portes se refermèrent pour toujours sur lui.

Ces persécutions, sans abattre sa résignation, épuisaient ses forces et détruisaient sa santé. La nouvelle de la mort ignominieuse de son frère acheva de le tuer.—Le 7 août 1632, après quelques heures de maladie, la mort s'empara de lui, et il l'accueillit avec les sentiments de la plus vive et de la plus ardente piété qui l'avait toujours distingué et que ses malheurs avaient encore développée (1).

nier. Néantmoins, le lendemain il l'emmena à Caën, où il demeura deux jours entiers ; et alla à la messe le premier jour au collége des Jésuittes, et le second jour aux Carmélines, où néantmoins il ne désira parler à personne ; en cette ville, il eût besoing d'argent, d'aultant qu'il n'en faisoit jamais provision, ains en envoyoit quérir sur ce qui luy estoit deub, à mesure qu'il en avoit à faire, et fut d'aultant plus pressé qu'il estoit obligé de faire une grande despense, à raison qu'il nourissoit l'exempt à sa table, et les archers avec ses domestiques ; pour ce, il emprunta seize cens livres d'un sien allié, qui se trouva en ladite ville, lequel depuis en fust fort réprimandé.

« Il arriva un aultre pacquet de la Cour par un aultre valet de pied du Roy, de sorte que, le lendemain, on le ramena à Lizieux. » (Mss. de la bibliothèque Ste-Geneviève, chap. XIX.)

(1) Urbain VIII l'appelait : Une des colonnes de l'Eglise.

Le Code Michaud ne fut pas plus heureux que son auteur.—Si l'on devait en croire le garde des sceaux, les membres les plus distingués des Parlements du royaume lui auraient écrit avec tant d'estime et d'approbation, qu'il ne se peut rien louer davantage (1). Chacun aurait reconnu que l'ordonnance ne devait trouver d'opposition que chez ceux qui, par suite du rétablissement de l'ordre dans l'administration de la justice, verraient diminuer les profits qu'un abus regrettable avait attachés à leurs charges.

Ce sera là un jour l'opinion de la postérité. Mais hélas! Marillac est le jouet d'une douce illusion lorsqu'il constate l'accord unanime des Parlements à enregistrer l'ordonnance, sans attendre les sommations ordinaires. Les Parlements, dont le Code Michaud restreignait les droits, se bornèrent à protester tant que le chancelier fut soutenu par le cardinal. Mais lorsque la guerre éclata entre le premier mi-

(1) « Il y a quelques articles sur lesquels l'Eglise a raison de demander qu'il soit touché, pour lesquels je voudrais bien qu'ils eussent été davantage considérés. Mais l'extrême haste qui me fust faicte de les expédier ne m'en donna le loisir, joinct que, pour ce qui est de l'Église, je me reposay sur ce que M. le Cardinal de R. les leust tous et me dict les avoir tous faict lire et les trouver bien. » (Mémoire autographe de Marillac, cité par le sieur de Lezeau, mss. cit. Chap. XIX.)

nistre et le garde des sceaux, Richelieu, quoiqu'il eût puissamment désiré l'ordonnance, l'abandonna, et les protestations des Parlements se changèrent en une systématique hostilité. Le Code Michaud tomba sous l'arme terrible du ridicule, et c'est à notre siècle qu'il était réservé de le tirer de l'oubli où l'ancienne magistrature l'avait relégué.

Telles furent les œuvres, Messieurs, telle fut la vie du chancelier Michel de Marillac, vie pleine d'utiles enseignements et de sages exemples.

Marillac n'est pas, sans doute, un de ces grands génies qui, comme les Richelieu et les Mazarin, devaient consacrer leur vie à l'extension de la puissance de la royauté et à l'agrandissement du territoire de la France. Ses goûts étaient plus modestes ; ses pensées moins ambitieuses. — Mais dans la sphère où les événements lui ont permis de se mouvoir, il nous offre sans cesse un modèle parfait de soumission au devoir, d'abnégation et de dévouement au bien public. Or, mes chers Confrères, n'est-ce pas là le but que nous devons tous nous proposer ? L'avenir, même le plus brillant en apparence, peut pour nous se résoudre en déceptions amères. Sachons les supporter, comme Marillac, avec courage et résignation ; et préparons-nous par une pratique assidue de nos obligations, quelles qu'elles soient, cette satisfaction que l'on puise dans la paix de la conscience et dans la tranquillité de l'âme : douce consolation que la Providence réserve à ceux dont la vie fut toujours conforme au devoir.

Après le discours de M⁰ Caillemer, qui a été couvert d'applaudissements, M. le Bâtonnier a remercié, au nom de la Conférence, MM. les membres du Conseil de discipline. Puis, après avoir désigné les avocats qui devaient prendre la parole dans la prochaine réunion, il a déclaré la séance terminée.

Les avocats, membres de la Conférence, ont voté l'impression du procès-verbal.

83.—Caen, typ. Goussiaume de Laporte.

www.ingramcontent.com/pod-product-compliance
Lightning Source LLC
Chambersburg PA
CBHW061329060726

47596CB00003B/1155